BOEKANALYSE

Reis naar het einde van de nacht

Louis-Ferdinand Céline

BOEKANALYSE

Geschreven door Hadrien Seret
Vertaald door Nikki Claes

Reis naar het einde van de nacht

● ●

LOUIS-FERDINAND CÉLINE

LOUIS-FERDINAND CÉLINE

FRANSE ARTS EN SCHRIJVER

- **Geboren in Courbevoie (Frankrijk) in 1894**
- **Overleden in Meudon in 1961**
- **Opmerkelijke werken:**
  - *Dood op krediet* (1936), *roman*
  - *Cannon-Fodder (*1949), roman
  - *North* (1960), roman

Louis Ferdinand Destouches, bekend als Céline, was een Franse auteur die werd geboren in 1894 en stierf in 1961. Hij wordt beschouwd als een van de belangrijkste romanschrijvers van de 20th eeuw voor zijn werken, waaronder *Reis naar het einde van de nacht* (1932) en *Dood op krediet* (1936).

Als arts in opleiding liet hij zich voor zijn literaire werk vooral inspireren door een ongewone levensloop, waarbij hij verschillende bestemmingen bezocht (Engeland, Kameroen, VS) en verschillende banen uitprobeerde. De ervaringen die daaruit voortvloeiden dienden als basis voor de veroordeling van de ontberingen van zijn tijd. Dit proces bracht hem tot moeilijk verenigbare meningen (van gratis gezondheidszorg voor de armen tot zijn beruchte antisemitisme) die hem tot een van de meest omstreden schrijvers van de Franse literatuur zouden maken.

REIS NAAR HET EINDE VAN DE NACHT

DE UPS EN DOWNS VAN EEN VEROORDELING

- **Genre:** roman

- **Referentie uitgave:** Céline, L-F. (1983) *Reis naar het einde van de nacht.* Trans. Manheim, R. New York: New Directions Publishing Corporation.

- **Eerste uitgave:** 1932

- **Thema's:** geluk, zoektocht, reis, koloniën, armoede, de Eerste Wereldoorlog

Reis naar het einde van de nacht, gepubliceerd in 1932 en datzelfde jaar bekroond met de Prix Renaudot (Franse literaire prijs), is de roman die Céline zijn faam heeft bezorgd en hem zijn plaats heeft bezorgd als een legitieme speler in de literatuur.

In dit boek, gevuld met zijn karakteristieke proza, hekelt de schrijver de weigering van de wereld (en in het bijzonder van Europa in de Roaring Twenties) om zijn eigen armoede te zien, ten gunste van het vluchten naar fantasievolle genoegens die de situatie alleen maar verergeren in plaats van verbeteren.

De auteur schetst dus via de ervaringen van zijn verteller, Bardamu, een meedogenloos beeld van dit tijdperk dat onmiddellijk volgde op de Eerste Wereldoorlog. Het is een origineel en dissonant portret dat universeel wordt beïnvloed door de verschillende reizen van de held.

SAMENVATTING

Om een zo duidelijk mogelijke samenvatting te geven, hebben we ervoor gekozen niet de indeling van het boek te volgen, maar de delen per reis te scheiden. De chronologie van het verhaal is gehandhaafd.

PARIJS EN DE EERSTE WERELDOORLOG

Parijs. Op zoek naar erkenning en uit bravoure tegenover een vriend die bij hem is, besluit Ferdinand Bardamu een troep te volgen en zich bij het leger aan te sluiten. Het dagelijkse leven in een wereldoorlog is echter niet zo heroïsch als hij had verwacht: hij ontdekt de gruwel en de vernedering van een strijd waarvan hij het doel noch de werking begrijpt. Op een dag, tijdens een verkenningsmissie, komt hij oog in oog te staan met Robinson, een legerreserve die de ambitie heeft het leger te verlaten. Kort na hun ontmoeting raakt Bardamu ernstig gewond en wordt hij gerepatrieerd naar de Franse hoofdstad.

Ferdinand, die gevierd wordt als oorlogsheld, zwelgt even in zijn roem en probeert de verschrikkingen die hij heeft meegemaakt te vergeten. Maar al snel beseft hij de hypocrisie van de situatie: de valse waarde van de medailles, het enthousiasme van vrouwen en verpleegsters om met hem naar bed te gaan alleen maar om hun claim op roem te pakken (bijvoorbeeld Musyne) of zelfs de haast waarmee gewonde soldaten listen bedenken om niet terug te keren in de strijd. Parijs zelf is het beeld van de heersende hypocrisie: de stad bevindt zich midden in een economische neergang terwijl alles goed lijkt te gaan. Misselijk geworden door deze sfeer en door zijn status als soldaat, herstelt Bardamu uiteindelijk na nog twee ziekenhuisbezoeken. Later zet een nieuwe ontmoeting met Robinson de held ertoe aan te vertrekken voor een avontuur in Afrika, in de koloniën.

DE KOLONIES (FORT-GONO, TOPO)

Na een stormachtige zeereis waarbij hij bijna gelyncht wordt door de bemanning en de passagiers, gaat Bardamu uiteindelijk van boord in Fort-Gono. Daar ontdekt hij dat het leven veel moeilijker is dan hij zich had voorgesteld; hij kan niet wennen aan het onzekere comfort, de verstikkende hitte, de ziekten en de vele onverzadigbare insecten. De inboorlingen van hun kant intrigeren hem enorm en hij verdeelt zijn tijd tussen het observeren en het beledigen van hen.

Gemotiveerd door zijn verlangen om te slagen, slaagt de hoofdpersoon erin werk te vinden bij een kraampje in Topo. De reis daarheen is moeilijk, en Bardamu is zwak wanneer hij zijn nieuwe bestemming bereikt en de man ontmoet die hij moet vervangen, die niemand minder blijkt te zijn dan Robinson. Deze laatste loopt in het holst van de nacht weg naar nieuwe horizonten en zorgt ervoor dat hij de kiosk meeneemt.

Samen met twee collega's (Alcide en Grappa) leidt Bardamu een armoedig bestaan, onderbroken door plotselinge hoge koortsen. Op de dag dat zijn hut begint te branden, beseft hij dat de koloniën hem niet de rijkdom zullen brengen die hij verlangt: hij verlaat Afrika daarom voor de Verenigde Staten.

DE VERENIGDE STATEN
(NEW YORK, DENVER)

Ondanks de quarantaine van zijn schip slaagt Bardamu erin de stad New York binnen te komen. Daar ontdekt hij gefascineerd de wolkenkrabbers, Manhattan, Broadway, de banken, de winkels, de blinkende bioscoop, de immense hotels en doolhoven (de *Laugh Calvin*) en vooral de dollar, die hij gelijkstelt aan een god. Dag na dag ziet de verteller zijn beperkte koloniale spaargeld oplossen als sneeuw voor de zon. Aanvankelijk slaagt hij erin geld af te persen van zijn vroegere minnares (Lola), maar al snel moet hij zich neerleggen bij het zoeken naar een andere manier om in zijn onderhoud te voorzien. Zo vertrekt hij naar Detroit voor een baan bij Ford. In dit snelgroeiende bedrijf wordt hij geconfronteerd met de realiteit van fabrieksarbeid, vervelende werkroosters en een laag loon. Gelukkig geeft zijn ontmoeting met de prostituee Molly hem de kracht om door te gaan.

Op een nacht ontmoet hij Robinson in de tram. Robinson overtuigt de verteller ervan terug te keren naar Frankrijk, waar hij zich bij hem zal voegen zodra zijn situatie is opgelost. Tegen Molly's advies in gaat hij opnieuw de zee op, deze keer in de richting van zijn vaderland.

LA GARENNE-CLICHY

Vele jaren gaan voorbij. Nadat hij zijn studie heeft hervat en zijn diploma geneeskunde heeft behaald, vestigt Bardamu zich als arts in La Garenne-Clichy. Aangezien deze stad al veel artsen heeft, is het leven moeilijk voor de held die vaak als laatste redmiddel wordt opgeroepen door cliënten die hem niet betalen. Deze gratis dienstverlening doet hem overkomen als een slechte dokter. Achtervolgd door de angst anderen niet te kunnen genezen, ziet hij voor zich een parade van de narigheid van de wereld: een mislukte abortus, een misgelopen bevalling, het echtpaar Henrouille dat hem probeert te corrumperen om hun schoonmoeder naar het gesticht te sturen of zelfs zijn vriend Bébert die hij niet kan redden van de tyfus. Tot overmaat van ramp valt Robinson, die naar Frankrijk is teruggekeerd, hem eindeloos lastig met deze angsten. Robinson moet zelfs noodhulp krijgen van zijn oude vriend, nadat een ingewikkeld plan dat hij bedacht heeft om de schoonmoeder van de Henrouilles te vermoorden, zich tegen hem keert en hij zijn ogen verwondt. Met de tijdige hulp van priester Protiste stuurt Bardamu Robinson naar Toulouse om te herstellen. Tijdens deze periode is hij zelf vrijwilliger in een kleine kliniek voordat hij de rol van een pasja in een klein Parijs cabaret krijgt, waardoor hij de showbusiness ontdekt, de geneugten en de tragedies ervan.

Vervolgens wordt hij in Toulouse uitgenodigd door Robinson, die geleidelijk zijn gezichtsvermogen terugkrijgt en op het punt staat met Madelon te trouwen. De schoonmoeder van de Henrouilles maakt het goed en brengt een bezoek aan een lucratieve kluis vol gemummificeerde toeristen.

Terug in Parijs vindt Bardamu werk in een gesticht van Baryton, een psychiater. Nadat de verteller hem Engels heeft geleerd, geeft Baryton Ferdinand de sleutels van zijn inrichting en vertrekt naar Groot-Brittannië. Met de hulp van zijn vriend Paraphine kan hij zijn nieuwe baan op de een of andere manier aan. Op een dag duikt Robinson op in de inrichting van de held, op zoek naar een schuilplaats voor

Madelon die hij niet langer tolereert en waarmee hij niet wil trouwen. De dokter is diplomatiek en probeert het koppel te verzoenen, maar deze poging wordt tragisch: tegenover de categorische weigering van Robinson om met haar te trouwen, schiet Madelon hem neer en hij sterft enkele uren later in de armen van Bardamu.

KARAKTERSTUDIE

FERDINAND BARDAMU

Ferdinand Bardamu is de verteller en hoofdpersoon in *Reis naar het einde van de nacht*. Hij is een terugkerende figuur in het werk van Céline, want hij is ook te vinden in andere boeken waarin hij een held of een secundair personage speelt (met name in *Dood op krediet* en *De kerk*).

Doorheen het werk evolueert Bardamu. Er kunnen twee stappen in zijn ontwikkeling worden onderscheiden. De eerste betreft de drie openingsdelen en kan worden beschouwd als de training van zijn tijdperk. We zien dat de auteur voor elk van de drie delen hetzelfde vertelpatroon gebruikt, namelijk:

- Een fase van verwondering waarin Bardamu zijn hoop op een beter leven opbouwt (het heroïsche beeld van het leger, de avontuurlijke kant van de koloniën, het innovatieve aspect van de baanbrekende Amerikaanse moderniteit).

- Een fase van terugkeer naar de werkelijkheid: Bardamu's aspiraties worden tegengehouden door (vaak financiële) obstakels die hem een harde reality check bezorgen (zijn verwonding op het slagveld, de koortsen en armoede in Afrika, het vermoeiende werk bij Ford in de Verenigde Staten).

- Een kritische zin: door de confrontatie met de werkelijkheid (vaak door werk) wordt Bardamu zich ervan bewust dat alle schijn van een beter leven die hij om zich heen ziet slechts illusies zijn. Bovendien komen ze slechts aan sommige mensen ten goede.

Deze drievoudige reis, die we zouden kunnen zien als een overgangsritueel, benadrukt een van de belangrijkste kenmerken van dit personage; de onmogelijkheid van geluk. Aangezien geluk een illusoir karakter heeft in de wereld waarin hij leeft, kan de held zijn vreugde niet duurzaam vastleggen. We zien dit heel duidelijk in zijn liefdesleven (zie de situatie met Musyne, Lola of Molly) of in vriendschap (in de intermitterende relatie die hij deelt met Robinson of zijn vriendschap met Paraphine die in stilte eindigt).

De tweede van Bardamu's ontwikkelingsfasen vindt plaats in het vierde deel, in Rancy. Door ervoor te kiezen arts te worden, geeft de held zijn bestaan een zekere samenhang, een ankerpunt dat een einde maakt aan de ups en downs van de eerste drie delen. Om deze verandering in zijn karakter te accentueren, plaatst Céline een tussenperiode van enkele jaren, zodat de lezer onmiddellijk geconfronteerd wordt met een veel rijpere Bardamu. Hij is niet langer een acteur in een verhaal, maar een waarnemer van het leed waarvan hij zich bewust is geworden (bijvoorbeeld de zeer gedetailleerde beschrijvingen van de kwellingen van de zieken die hem komen bezoeken) en dat hij op zijn manier probeert te verzachten.

LÉON ROBINSON

Léon Robinson is een personage met een bijzondere status in *Journey to the End of the Night.* Robinson is een mysterieuze man die voortdurend op zoek is naar het illusoire geluk dat hij Bardamu voorstelt en dat deze uiteindelijk verwerpt. In het eerste deel van het verhaal neemt hij de rol van gids op zich, die de deur opent voor de eigen ervaringen van de held, zodanig dat Bardamu hem beschouwt als een rolmodel dat hij moet volgen om succes te boeken. Hij is dan ook verbijsterd over zijn pech in de Verenigde Staten: "Wat ik niet had verwacht was dat hij ook in Amerika een mislukking was. Dat kwam als een verrassing" (p. 200).

Ondanks zijn doorzettingsvermogen bereikt Robinson niets. Zijn verlangen om gelukkig te leven (en rijk te zijn) is echter zo sterk dat het hem ertoe aanzet allerlei opdrachten te aanvaarden, zelfs de meest smerige: we zien hem bijvoorbeeld een val voorbereiden om de schoonmoeder van de Henrouilles te vermoorden in de hoop een grote som geld te verdienen. Net als Bardamu wordt Robinson echter getroffen door de onmogelijkheid om geluk te bereiken, wat hij ook doet (wat blijkt uit zijn liefdesgeschiedenis met Madelon). Maar ondanks zijn vele tekortkomingen weigert hij te veranderen en houdt hij vast aan een doel dat hij nooit zal bereiken, wat Bardamu hem sterk verwijt: "'Je bent een bourgeois!' zei ik hem uiteindelijk [...]. Je denkt alleen maar aan geld... Als je je gezichtsvermogen terugkrijgt, ben je de slechtste van het stel" (p. 339). De zelfopoffering en onbaatzuchtigheid die de dokter in het vierde deel laat zien, staan dus tegenover de zucht van de avonturier naar rijkdom en zijn wens om van tijdelijke genoegens te genieten. Dit antagonisme leidt tot de geleidelijke afbraak van hun vriendschap en tot een rolomkering in hun relatie: we zien Robinson afhankelijk worden van Bardamu, in tegenstelling tot voorheen (we zien dit wanneer Bardamu ermee instemt zijn vriend te verbergen in zijn gesticht).

Uiteindelijk bevrijdt Robinson zich echter van deze illusie van geluk door de laatste avances van Madelon af te slaan. Maar voor een personage dat volledig gericht is op deze illusie, kan deze daad alleen maar eindigen in de dood.

ANALYSE

REIS NAAR HET EINDE VAN DE NACHT: UITLEG VAN DE TITEL

Terwijl de keuze om het woord "reis" in de titel op te nemen aan het einde van de roman duidelijk gerechtvaardigd is, kan de associatie van "nacht" en vooral "einde", die nooit echt expliciet worden gemaakt, de lezer verrassen of zelfs uit balans brengen. Het is niet zo dat het duister in de plot afwezig is: integendeel, het is alomtegenwoordig, hetzij gewoon als een spatio-temporele indicator, hetzij in metaforen, soms positief, soms negatief (de nacht als moment van ontspanning of dromen; de nacht als overbrenger van eenzaamheid of angst, enz.) Met één bepaalde zin wijst Céline echter op een beter begrip: "Dat is wat het leven is, een beetje licht dat een einde maakt aan de duisternis" (p. 294). De nachtelijke sfeer symboliseert een sfeer waarin noch het leven, noch enig materieel en psychologisch verlangen kan overleven. Zo lijken de reizen van Bardamu en Robinson om geluk te verkrijgen op een onmogelijke missie, omdat ze proberen iets te hebben dat niet bestaat.

In dezelfde algemene gedachte is het weigeren – zoals de twee hoofdpersonen doen – van deze logica over de illusie die de wereld regeert, het weigeren te leven. Bijgevolg is het "einde van de nacht" simpelweg sterven: Robinson duikt halsoverkop in dit einde terwijl Bardamu gewoon op de grens blijft, helder van geest over de wetten die zijn bestaan beheersen, maar zonder ze volledig te weigeren (wat blijkt uit zijn avontuur met Sophie), waardoor hij de lezer het verhaal van zijn leven kan vertellen.

DE CONTEXT VAN DE TEKST EN DE VEROORDELING: HET BEGIN VAN DE 20TH EEUW

Journey to the End of the Night is niet alleen een verhaal over een overgangsritueel en de gevolgen daarvan. thHet is ook een levendige aanklacht tegen het begin van de 20e eeuw, een tijd die wordt afgeschilderd als een tijd van instorting en waarin men zich koestert in een soort kunstmatige vreugde, waardoor men de ellende om zich heen niet opmerkt.

Deze veroordeling verschijnt in de vier delen van het werk; elk deel weerspiegelt een zeer specifieke realiteit.

Deel één: De Eerste Wereldoorlog

Céline benadrukt twee ideeën in zijn beschrijving van het conflict:

- De eerste is het bloedbad dat een dergelijk conflict veroorzaakt en het gebrek aan begrip over de redenen die tot de gevechten hebben geleid ("Zover ik in mijn geheugen kon zoeken, had ik de Duitsers niets misdaan", blz. 7).

- De tweede is de bereidheid van de Parijse bevolking om te vergeten dat het oorlog is en te leven alsof er niets aan de hand is. Céline bekritiseert vooral de zucht naar roem van de verpleegsters, de lafheid van de gewonde soldaten, de pracht en praal van de roem en degenen die van de oorlog profiteren (zoals Madame Hérote).

Céline betreurt in zijn tekst dus de kunstmatige kant van het leven: er is geen ware liefde of ware heldendom, alleen een sfeer van lijden die iedereen negeert door zich te richten op valse bevrediging.

Deel twee: De koloniën

In dit deel probeert de schrijver de stereotypen van koloniën als een soort exotisch "El Dorado" te doorbreken. Hij schildert de Franse bedrijven af als hebzuchtig naar rijkdom en niet aarzelend om de inheemse bevolking op de meest grove manieren uit te buiten. Ook beschrijft hij de zogenaamde moedige avonturiers die niet meer zijn dan buitenlanders die lijden onder het klimaat en het slachtoffer zijn van de hoop op een snel fortuin dat onwerkelijk blijkt te zijn. Deze beschrijving is tevens de gelegenheid voor de auteur om zich af te vragen of de inheemsen of de niet-inheemsen de meeste kans maken om wilden te zijn.

Deel drie: De Amerikaanse droom

De jaren na de Eerste Wereldoorlog blijken welvarend te zijn voor de Verenigde Staten. Het land is in volle economische bloei en ziet zowel zijn technologie als zijn steden snel vooruitgaan: het symbool bij uitstek van deze dubbele dynamiek is ontegensprekelijk Detroit, dat zich ontwikkelt onder het gezag van de befaamde Ford-fabrieken. Maar dergelijke bedrijven hebben een kolossaal arbeidspotentieel nodig. Dat komt door de ontvolking van het Amerikaanse platteland, maar ook door de vele mensen die een geruïneerd Europa verlaten in de hoop op een beter leven. Meestal wacht hen echter slechts een geestdodende en slecht betaalde baan.

Tot op het bot bewerkt door hun werkgevers, zijn ze niets meer dan een ontmenselijkte en geautomatiseerde massa die werkt voor het comfort van enkelen. Het is deze ontmenselijking die Céline hekelt; een tegengestelde mening in een tijd waarin iedereen gefascineerd was door Amerika.

Deel vier: De armoede van de arbeidersklasse (Rancy)

Céline schetst hier een portret van een stedelijke arbeidersklasse die in volledige anonimiteit het ergste leed moet ondergaan. Ook benadrukt hij de onachtzaamheid die de hoofdpersoon ondervindt ondanks de verlichting die hij deze sociale klasse tracht te bieden. Door dit laatste deel van *Reis naar het einde van de nacht wordt* vaak gezegd dat de roman gericht is op de arbeidersklasse.

EEN PLOT GESCHREVEN MET EEN UNIEKE STIJL

Een van de handelsmerken van Louis-Ferdinand Céline is ongetwijfeld zijn schrijfstijl: hij gebruikt een geschreven transcriptie van populaire, gesproken taal. Hoewel dit procédé op zich verre van origineel is (het werd al gebruikt door auteurs als Eugène Dabit), onderscheidt de auteur zich toch door het in zijn hele boek te gebruiken en niet alleen in de dialoog. Deze keuze is niet onbelangrijk: ze toont de wens van de schrijver om in het schrift de emotie van het alledaagse gesprek weer te geven. Door een dergelijk standpunt in te nemen, plaatst hij zich bewust in een delicate positie ten opzichte van klassieke auteurs, wier schrijfstijl hij te abstrueus en kil vindt.

De volgende zin is een goed voorbeeld van deze bijzondere stijl:

> *"Ik had het platteland nooit kunnen verdragen, ik had het altijd saai gevonden, die eindeloze velden, die huizen waar nooit iemand thuis is, die wegen die nergens heen gaan" (p. 8).*

In dit citaat vinden we inderdaad veel populaire trekjes zoals nutteloze herhalingen (bijvoorbeeld de herhaling van 'die') en het gebruik van samentrekkingen ('ik', 'niemand', 'niet'). Toch houdt deze stilistische keuze een zekere zorgvuldigheid in het schrijven niet tegen: in dit fragment zien we bijvoorbeeld een anafoor ('I'd [...], I'd').

VERDERE REFLECTIE

ENKELE VRAGEN OM OVER NA TE DENKEN...

- Is Robinsons personage in *Reis naar het einde van de nacht* een gids, een teken of een antiheld? Leg je antwoord uit.

- Welke argumenten zouden de lezer ervan kunnen overtuigen dat Bardamu een fictief personage is? En met welke argumenten kan worden aangetoond dat hij het alter ego van de auteur is?

- Waarom is Céline geïnteresseerd in het schrijven over een gebeurtenis als de Eerste Wereldoorlog?

- Leg uit hoe elk van de plaatsen die Bardamu bezoekt Céline de kans biedt iets te veroordelen.

- Hoe kunnen we zeggen dat de roman in stilte opent en sluit? Hoe geeft deze analyse een andere dimensie aan het verhaal van Bardamu?

- Kunnen we, gezien het tijdperk waarin de roman is geschreven, Bardamu's opmerkingen over de zwarte bevolking in Afrika als racisme beschouwen?

- Hoe weten we dat Céline's baan als arts een essentiële rol speelt in de plot zelf en de ontwikkeling ervan?

- Hoe is het contrast tussen de Amerikaanse moderniteit en de ontmenselijking van de arbeiders bij Ford representatief voor Céline's concept van de illusie van geluk?

- Hoe kunnen de schijn van Bardamu's onbaatzuchtigheid en de bevestiging van Robinsons financiële hebzucht worden vergeleken met een gezamenlijke reis die in tweeën deelt?

VERDER LEZEN

REFERENTIE-UITGAVE

Céline, L-F. (1983) *Reis naar het einde van de nacht.* Trans. Manheim, R. New York: New Directions Publishing Corporation.

REFERENTIESTUDIES

Alméras, P. (2004) *Dictionnaire Céline.* Parijs: Plon.

De Phalèse, H. (1993) *Guide de Voyage au bout de la nuit: Voyage au bout de la nuit à travers les nouvelles technologies.* Parijs: Nizet.

Latinus, D. (1988) *Le Voyage au bout de la nuit de Céline: roman de la subversion et subversion du roman: langue, fiction, écriture.* Brussel: Paleis der Academiën.

Morand-Devillier, J. (2010) *Les idées politiques de Louis-Ferdinand Céline.* Parijs: Écriture.

Vitoux, F. (1978) *Céline.* Parijs: Pierre Belfond.

*We horen graag van jou! Laat
een reactie achter op jouw online bibliotheek
en deel je favoriete boeken op social media!*

De uitgever garandeert de betrouwbaarheid van de gepubliceerde informatie, die echter niet onder zijn verantwoordelijkheid valt.

www.50minutes.com

Master ISBN: 9782808687782
Papier ISBN: 9782808699181
Wettelijk depot: D/2023/12603/1198

Omslag: © Primento

Digitaal ontwerp: Primento, de digitale partner van uitgevers.